KB100632

STUDY PLANNER

D -

MOOD ☺☺☺☹☹	DATE.	MON	TUE	WED	THU	FRI	SAT	SUN

TODAY'S PRIORITY

○

○

○

PLAN		
		○

TOTAL TIME	H	M
6		
7		
8		
9		
10		
11		
12		
1		
2		
3		
4		
5		
6		
7		
8		
9		
10		
11		
12		
1		
2		
3		
4		
5		

COMMENT

STUDY PLANNER

D -

MOOD ☺☺☺☹☹	DATE.	MON	TUE	WED	THU	FRI	SAT	SUN

TODAY'S PRIORITY

○

○

○

PLAN			TOTAL TIME	H	M
		○	6		
		○	7		
		○	8		
		○	9		
		○	10		
		○	11		
		○	12		
		○	1		
		○	2		
		○	3		
		○	4		
		○	5		
		○	6		
		○	7		
		○	8		
		○	9		
		○	10		
		○	11		
			12		
COMMENT			1		
			2		
			3		
			4		
			5		

STUDY PLANNER

D -

MOOD ☺ 😊 ☺ ☹ 😫	DATE.	MON	TUE	WED	THU	FRI	SAT	SUN

TODAY'S PRIORITY

○

○

○

PLAN			TOTAL TIME	H	M
		○			
		○	6		
		○	7		
		○	8		
		○	9		
		○	10		
		○	11		
		○	12		
		○	1		
		○	2		
		○	3		
		○	4		
		○	5		
		○	6		
		○	7		
		○	8		
		○	9		
		○	10		
		○	11		
			12		
			1		
			2		
			3		
			4		
			5		

COMMENT

STUDY PLANNER

D -

MOOD ☺ 😐 😑 ☹ 😣	DATE.		MON	TUE	WED	THU	FRI	SAT	SUN

TODAY'S PRIORITY

- ○
- ○
- ○

PLAN		
		○
		○
		○
		○
		○
		○
		○
		○
		○
		○
		○
		○
		○
		○
		○
		○
		○
		○
		○
		○
		○

TOTAL TIME	H	M
6		
7		
8		
9		
10		
11		
12		
1		
2		
3		
4		
5		
6		
7		
8		
9		
10		
11		
12		
1		
2		
3		
4		
5		

COMMENT

STUDY PLANNER

D -

MOOD ☺ 😊 😐 😕 😣	DATE.	MON	TUE	WED	THU	FRI	SAT	SUN

TODAY'S PRIORITY

- ○
- ○
- ○

PLAN		
		○
		○
		○
		○
		○
		○
		○
		○
		○
		○
		○
		○
		○
		○
		○
		○
		○
		○
		○
		○

TOTAL TIME	H	M
6		
7		
8		
9		
10		
11		
12		
1		
2		
3		
4		
5		
6		
7		
8		
9		
10		
11		
12		
1		
2		
3		
4		
5		

COMMENT

STUDY PLANNER

D -

MOOD ☺☺☺☹☹	DATE.	MON	TUE	WED	THU	FRI	SAT	SUN

TODAY'S PRIORITY

- ○
- ○
- ○

PLAN			TOTAL TIME	H	M
		○	6		
		○	7		
		○	8		
		○	9		
		○	10		
		○	11		
		○	12		
		○	1		
		○	2		
		○	3		
		○	4		
		○	5		
		○	6		
		○	7		
		○	8		
		○	9		
		○	10		
		○	11		
			12		
			1		
			2		
			3		
			4		
			5		

COMMENT

STUDY PLANNER

D -

MOOD ☺☻☺☹☹	DATE.	MON	TUE	WED	THU	FRI	SAT	SUN

TODAY'S PRIORITY

○

○

○

PLAN			TOTAL TIME	H	M
		○			
		○	6		
		○	7		
		○	8		
		○	9		
		○	10		
		○	11		
		○	12		
		○	1		
		○	2		
		○	3		
		○	4		
		○	5		
		○	6		
		○	7		
		○	8		
		○	9		
		○	10		
		○	11		
			12		
			1		
			2		
			3		
			4		
			5		

COMMENT

STUDY PLANNER

MOOD ☺☺☺☹☹	DATE.	MON	TUE	WED	THU	FRI	SAT	SUN

TODAY'S PRIORITY

- ○
- ○
- ○

PLAN		
		○
		○
		○
		○
		○
		○
		○
		○
		○
		○
		○
		○
		○
		○
		○
		○
		○
		○
		○
		○
		○

TOTAL TIME	H	M
6		
7		
8		
9		
10		
11		
12		
1		
2		
3		
4		
5		
6		
7		
8		
9		
10		
11		
12		
1		
2		
3		
4		
5		

COMMENT

STUDY PLANNER

MOOD ☺ 😐 ☹ 😖 😣	DATE.		MON	TUE	WED	THU	FRI	SAT	SUN

TODAY'S PRIORITY

- ○
- ○
- ○

PLAN		TOTAL TIME	H	M
	○	6		
	○	7		
	○	8		
	○	9		
	○	10		
	○	11		
	○	12		
	○	1		
	○	2		
	○	3		
	○	4		
	○	5		
	○	6		
	○	7		
	○	8		
	○	9		
	○	10		
	○	11		
		12		
		1		
		2		
		3		
		4		
		5		

COMMENT

STUDY PLANNER

D -

MOOD ☺ 🙂 😐 ☹ 😞	DATE.	MON	TUE	WED	THU	FRI	SAT	SUN

TODAY'S PRIORITY

- ○
- ○
- ○

PLAN			TOTAL TIME	H	M
		○			
		○	6		
		○	7		
		○	8		
		○	9		
		○	10		
		○	11		
		○	12		
		○	1		
		○	2		
		○	3		
		○	4		
		○	5		
		○	6		
		○	7		
		○	8		
		○	9		
		○	10		
		○	11		
		○	12		
			1		
			2		
			3		
			4		
			5		

COMMENT

STUDY PLANNER

 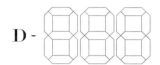

MOOD ☺ 😊 😐 ☹ 😣	DATE.	MON	TUE	WED	THU	FRI	SAT	SUN

TODAY'S PRIORITY

○

○

○

PLAN		
		○
		○
		○
		○
		○
		○
		○
		○
		○
		○
		○
		○
		○
		○
		○
		○
		○
		○
		○

TOTAL TIME	H	M
6		
7		
8		
9		
10		
11		
12		
1		
2		
3		
4		
5		
6		
7		
8		
9		
10		
11		
12		
1		
2		
3		
4		
5		

COMMENT

STUDY PLANNER

-

MOOD ☺☺☺☹☹	DATE.	MON	TUE	WED	THU	FRI	SAT	SUN

TODAY'S PRIORITY

○

○

○

PLAN		○
		○
		○
		○
		○
		○
		○
		○
		○
		○
		○
		○
		○
		○
		○
		○
		○
		○
		○
		○
		○

TOTAL TIME	H	M
6		
7		
8		
9		
10		
11		
12		
1		
2		
3		
4		
5		
6		
7		
8		
9		
10		
11		
12		
1		
2		
3		
4		
5		

COMMENT

STUDY PLANNER

MOOD 😊 😄 😐 😟 😫	DATE.	MON	TUE	WED	THU	FRI	SAT	SUN

TODAY'S PRIORITY

- ○
- ○
- ○

PLAN			TOTAL TIME	H	M
		○	6		
		○	7		
		○	8		
		○	9		
		○	10		
		○	11		
		○	12		
		○	1		
		○	2		
		○	3		
		○	4		
		○	5		
		○	6		
		○	7		
		○	8		
		○	9		
		○	10		
		○	11		
			12		
			1		
			2		
			3		
			4		
			5		

COMMENT

STUDY PLANNER

D -

MOOD ☺ ☺ ☺ ☹ ☹	DATE.	MON	TUE	WED	THU	FRI	SAT	SUN

TODAY'S PRIORITY

○

○

○

PLAN			TOTAL TIME	H	M
		○	6		
		○	7		
		○	8		
		○	9		
		○	10		
		○	11		
		○	12		
		○	1		
		○	2		
		○	3		
		○	4		
		○	5		
		○	6		
		○	7		
		○	8		
		○	9		
		○	10		
		○	11		
			12		
COMMENT			1		
			2		
			3		
			4		
			5		

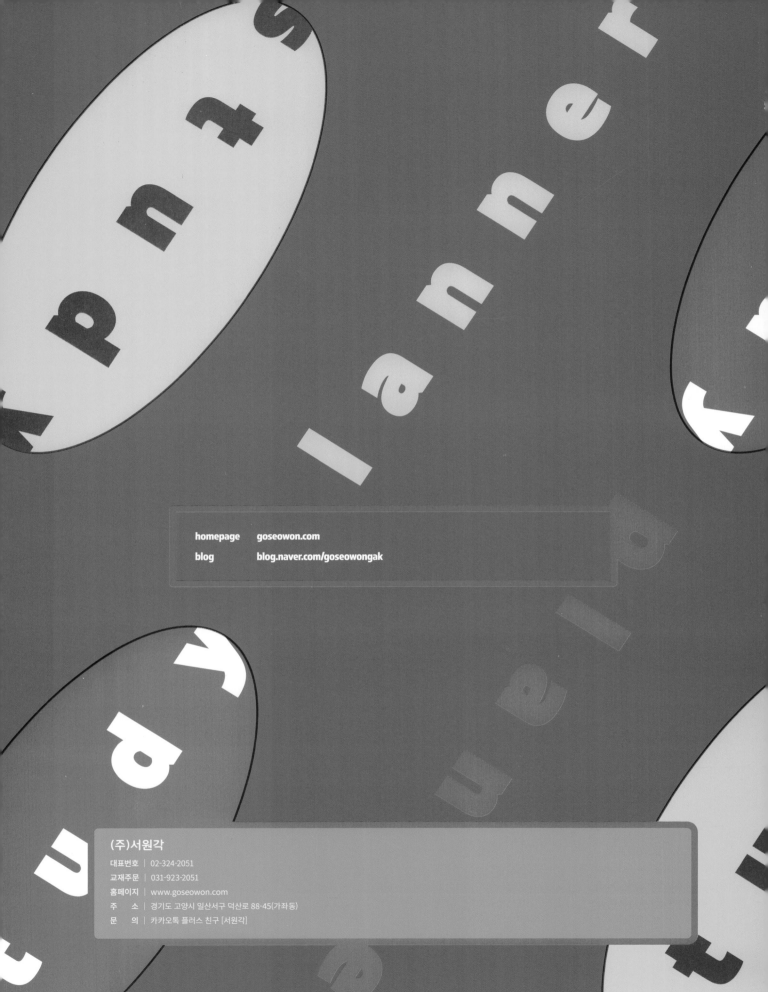

homepage   goseowon.com
blog   blog.naver.com/goseowongak

(주)서원각

대표번호 │ 02-324-2051
교재주문 │ 031-923-2051
홈페이지 │ www.goseowon.com
주   소 │ 경기도 고양시 일산서구 덕산로 88-45(가좌동)
문   의 │ 카카오톡 플러스 친구 [서원각]